MÉMOIRE

SUR LE MOYEN

DE RÉPARER LES TORTS

FAITS AU COMMERCE DE LA FRANCE,

PAR L'INSURRECTION

DE L'ISLE DE SAINT-DOMINGUE.

DÉDIÉ

A MM. LES ANCIENS COLONS

DE SAINT-DOMINGUE,

PAR LE DOCTEUR WÜRTZ.

PARIS,

CHEZ TREUTTEL ET WÜRTZ, LIBRAIRES,
rue de Bourbon, n°. 17;
A STRASBOURG ET A LONDRES, même Maison de commerce.

1820.

L.-E. HERHAN, IMPRIMEUR-STÉRÉOTYPE,
rue Servandoni, n°. 13, près de Saint-Sulpice.

AVANT-PROPOS.

Le fond de ces idées m'ayant été communiqué par hasard par quelques respectables Colons de Saint-Domingue, je les ai trouvées si lumineuses, d'un intérêt si général, et tellement avantageuses pour tout le Commerce de la France, que je n'ai pas pu m'empêcher de les rédiger aussitôt, pour être présentées à SA MAJESTÉ et au Ministère. Mais comme par quelque diversité d'opinions, elles n'ont pas pu être présentées d'un commun accord, je me suis déterminé à les publier, afin de les soumettre à la sagesse du Gouvernement, et du Public.

Heureux, si elles peuvent fixer leur attention, et contribuer à faire dédommager les infortunés Colons de leurs longs et ineffables malheurs, et à rendre enfin au Commerce français son ancienne prospérité et splendeur !

MÉMOIRE

SUR LE MOYEN

DE RÉPARER LES TORTS

FAITS AU COMMERCE DE LA FRANCE,

PAR L'INSURRECTION

DE L'ISLE DE SAINT-DOMINGUE.

DEPUIS trop long-temps le commerce de la France languit et souffre par les pertes cruelles, regardées jusqu'ici comme irréparables, qu'il a éprouvées par la perte de Saint-Domingue, dans une de ses branches les plus importantes, celle des denrées coloniales, source inépuisable d'une très-grande partie de ses richesses ; depuis trop long-temps, les malheureuses victimes de la funeste et déplorable insurrection dans cette isle, errent, au nombre de plus de vingt-mille, sans asile propre, sans état et sans fortune, semblables à de malheureux exilés, abandonnés à eux-mêmes; heureux de trouver des Européens bienveillans, qui veulent bien leur faire oublier leurs peines ; sans perspective de pouvoir établir leurs familles, et de se préparer une postérité heureuse; la plupart réduites à un dénuement presqu'absolu, qu'elles ont supporté avec une constance, une résignation et un courage vraiment héroïques; soutenues par la seule confiance, que le Gouvernement Français, si juste et si généreux, viendrait un jour à leur secours, s'intéresserait à leur sort, et contribuerait à réparer leurs pertes, par tous les moyens, que dans sa sagesse, il pourrait juger praticables, et propres à être couronnés d'un heureux succès.

Ils ont souffert, sans se plaindre avec aigreur, ou amertume; regardant ce fléau comme une suite naturelle de notre révolution, à laquelle il fallait souscrire comme fidèles membres de la nation, qui l'avait opérée. Depuis trop long-temps enfin des sommes immenses sortent annuellement du Royaume, qui auraient tourné au profit de nos colons, seraient peu-à-peu rentrées chez nous, par les embranchemens infinis du commerce, et qui appauvrissent à présent progressivement la somme totale de nos richesses nationales.

Ces temps n'ont malheureusement que trop duré pour eux. Fidèles sujets dans tous les temps du Gouvernement Français, et dévoués de cœur et d'âme à leur nation et à leur patrie, l'heure doit approcher où leurs calamités doivent finir; car tout, jusqu'à la misère humaine, a ses termes. Sous un règne plus heureux, celui des *Bourbons*, où la justice est remise à l'ordre du jour; sous un Gouvernement qui fait profession de faire droit à la demande de chaque individu qui réclame, ils ont droit de s'attendre à un sort plus heureux.

Or, pour arriver au terme de leurs maux, et pour voir enfin reluire l'aurore de leur bien-être, ils ont, dans leur sollicitude, médité sur différens moyens, par lesquels ils espéraient pouvoir être peu-à-peu dédommagés de leurs énormes pertes; parmi lesquels moyens, plusieurs ont paru au Gouvernement incertains, hasardés, accompagnés de beaucoup de risques, et d'une réussite scabreuse: et en cherchant toujours, pour y parvenir, le moyen le plus simple, le plus facile, le plus sûr, le moins exposé à aucun inconvénient, ou danger quelconque, qui n'exigerait de l'Etat aucun sacrifice aventuré, et qui pourrait pourtant remplir toutes les vues, il s'est enfin présenté à l'esprit de quelques-uns d'entr'eux, une province de l'Amérique Méridionale, appartenante à la France; trop négligée de nos jours, en très-grande partie *déserte*, ou *en friche*; où ils pourraient rétablir une nouvelle colonie, et y cultiver avec avantage les mêmes denrées, qui faisaient autrefois la richesse de Saint-Domingue. Cette province est la *Guyane Française* (appelée aussi France équinoxiale,) encore plus rapprochée de l'équateur que ne l'est cette isle, et peut être par-là encore plus propre, pour la réussite de ces productions. L'exploitation, la mise en culture, et l'utilisation de tous les terreins incultes de ces contrées, pourraient leur offrir une ressource future assurée, propre à réparer les torts cruels qui leur ont été faits, par l'abandon de leur ancienne patrie, et à les dédommager peu-à-peu de leurs pertes.

Il serait donc à désirer, que SA MAJESTÉ, par son amour pour son peuple, et son empressement à faire tout ce qui peut contribuer à la prospérité publique, voulût bien leur accorder la permission d'exploiter et de mettre en culture tous les terreins incultes de cette province, à l'avantage de la Métropole et de tout le commerce français; et qu'elle daignât leur y accorder conséquemment des *concessions*, avec leurs anciens avantages (en dédommagement de leurs terres perdues à Saint-Domingue, et de leurs longs malheurs et souffrances,) sur tous les terreins incultes ou en friche, *qui n'ont aucun propriétaire* dans cette province, (1) afin de les défricher et pouvoir y cultiver toutes les productions territoriales propres à y réussir, ainsi que les mêmes denrées qu'ils avaient l'usage de cultiver autrefois, et qui sont devenues actuellement pour nous, par l'habitude, des denrées de première nécessité.

Ils en connaissent parfaitement et mieux que personne, la manutention et les opérations manufacturières; car ils ont su les exploiter avec un succès aussi prodigieux.

L'argent, qu'on envoie annuellement pour ces mêmes denrées en pays étranger, retournerait à sa source; la France y gagnerait immensément par la circulation du commerce, et les milliers de branches que ce commerce alimenterait, et l'on ouvrirait en même temps une nouvelle veine de prospérité sur

---

(1) Si le nombre de ces terres vacantes était plus grand que celui des anciennes terres possédées à Saint-Domingue, il serait sans doute plus avantageux pour le Gouvernement, de les faire cultiver en *totalité* par des colons qui *s'y entendent*, que d'en laisser une partie en friche.

toute cette province, vu qu'elle serait entièrement fertilisée; tandis que, faute d'industrie, de soins et de travaux, elle languit en très-grande partie dans l'abandon.

Ajoutons à cela : que ce n'est que par le moyen d'une colonie toute *entière* et nombreuse (1) telle que celle de Saint-Domingue, à présent malheureusement disponible, et versée dans cette culture, que ce pays pourra jamais être exploité au profit de la France; sans quoi il pourrait rester encore pendant des siècles en friche, et sans aucun avantage pour elle ; puisqu'un desséchement partiel ne pourra jamais y être couronné d'un succès notable et heureux, et promettre au Gouvernement des résultats aussi avantageux.

La nature du sol s'y prête sous tous les rapports, si l'on en prend les soins convenables; et peut-être encore mieux que celui de Saint-Domingue, parce qu'il se trouve sous une température encore plus chaude, très-propre pour la culture de toutes les plantes aromatiques.

---

(1) Car on y a beaucoup de besoins, qu'on ne peut satisfaire que par des secours mutuels.

Déjà il y prospère la canne à sucre, l'indigo, le café, le coton, le cacao, le roucou, le poivre, le girofle, la muscade, la cannelle, la vanille, etc., etc., productions des Indes orientales, qui ont été introduites (1) et naturalisées à la Guyane française, et y ont parfaitement réussi; productions, pour lesquelles nous sommes annuellement tributaires à des nations étrangères, de plus de quarante millions: et ne voudrait-on pas donner à des branches de commerce aussi fertiles, toute la latitude possible, par une culture plus généralisée, plus étendue et mieux soignée ?

La terre de l'isle (2) de Cayenne est bonne. C'est un sable noir, facile à labourer, qui a deux pieds de profondeur, au dessous duquel on trouve une terre

---

(1) Elles ont été introduites dans ce pays par les soins de M. *Poivre*, Administrateur de cette colonie, Commissaire et faisant fonctions d'Intendant à l'isle de Bourbon.

(2) On l'appelle isle, parceque son enceinte, qui a à-peu-près 16 lieues de circuit, est bordée au nord par la mer, à l'ouest par la rivière de Cayenne, à l'est par celle d'Ouya, et au midi par un bras formé par les rivières d'Ouya et d'Orapu.

rouge, propre à bâtir, et à faire des briques, des tuiles et même de belles poteries (1).

Les terres encore incultes de cette province sont en très-grande partie couvertes de bois et de forêts, et quelques contrées sont inondées pendant la saison des pluies.

Le concours de toutes ces circonstances n'a pu que rendre jusqu'ici ce pays très-marécageux, et son air mal-sain : mais ces inconvéniens disparaîtront aussitôt qu'après avoir abattu ces forêts, on aura donné une plus libre circulation à l'air (2), et qu'on

---

(1) Ces notices sont tirées de la description géographique de la Guyane, déposée au dépôt des cartes et plans de la marine, par ordre de M. le duc de Choiseul; par M. *Bellin*, vol. in-4°. 1763.

Elles m'ont été toutes fournies, ainsi qu'une très-grande partie de ces idées, par M. Victor *Paulmier*, estimable colon de Saint-Domingue, que son zèle et son amour pour ses compatriotes a porté à me les communiquer.

(2) Voyez M. l'abbé *Raynal*, dans son *Histoire philosophique* et *politique* des établissemens et du commerce des Européens dans les deux Indes. T. V. Amsterdam, 1773, p. 41. « Les arbres attirent les pluies et les rosées; ils entretien- » nent l'humidité de la terre, en lui dérobant les rayons du

aura desséché ces marais, par l'établissement de rigoles et de canaux, propres à éconduire les eaux.

Cette colonie française a 140 lieues de côtes, ce qui favorise infiniment le commerce maritime; elle est de plus bordée par les rivières Maroni et Poumaron; et à l'est par celle d'Araouari, lesquelles offrent des avantages pour le commerce continental, se trouvant placée dans le voisinage du Brésil, du Pérou, de la région des Amazones, et du royaume de Grenade.

Les colons de St.-Domingue, en obtenant donc des bontés paternelles du Roi, la concession de toutes les terres incultes de la Guyane française, recevraient par là une compensation de celles qu'ils avaient perdues; et cette indemnité pourrait être réglée de manière, que chacun d'eux devînt possesseur d'un terrein, dont l'étendue serait graduée dabord sur la totalité du territoire inculte, laquelle serait répartie ensuite

---

» soleil. Otez ces grands végétaux, qui par leurs profondes » racines, par l'étendue de leurs branches, absorbent tous » les sucs de la végétation, qui circulent soit dans l'intérieur, » soit dans l'athmosphère du globe, il n'y restera plus qu'une » fraîcheur utile et tempérée, pour la plus grande partie des » cultures. »

proportionnellement à celui qu'il avait possédé autrefois à St.-Domingue (et dont la plupart possèdent encore les plans,) afin qu'ils puissent y établir une nouvelle colonie, en place de celle qu'ils avaient perdue, et dont l'état est actuellement tellement délabré, qu'il faudrait pour la rétablir employer presque les mêmes frais et les mêmes moyens que pour celle-là, si l'on veut en retirer les mêmes avantages; vu que presque tout serait à y refaire.

OBJECTIONS

Qu'on pourrait peut-être faire à l'Établissement de cette Colonie.

1. Si l'on voulait alléguer : qu'il y aurait une trop grande quantité de marais à dessécher ; on répondrait aisément : qu'on est déjà parvenu à en dessécher bien davantage en Europe ; et pourquoi ne pourrait-on pas également avec les mêmes moyens (peut-être encore perfectionnés depuis), dessécher ceux de l'Amérique ? (1)

Et quand même il se présenterait encore de plus grandes difficultés physiques à vaincre, de quoi l'in-

(1) M. l'abbé *Raynal* dit dans l'ouvrage cité p. 40. « Parceque l'isle de Cayenne n'est pas d'une grande fertilité, ont » ne peut pas, sans injustice, conclure, que le continent voisin » soit également rébelle aux travaux de la culture. Ceux » qui tirent cette induction, se sont arrêtés sur les côtes ma- » récageuses d'une terre si vaste. Mais les observateurs, qui ont » pénétré dans l'*intérieur*, *sont d'un avis bien contraire* (*), » et le peu d'expériences, qu'on a déjà faites, démentent un » préjugé, qui n'est fondé que sur les premières apparences. »

(*) Cela se trouve aussi confirmé par des nouvelles récentes. On lit dans un journal de Cayenne : « Que *les terres hautes* de la Guyane » française sont aussi favorables à l'Européen, qui voudrait s'y établir, » par leur salubrité, que par leur admirable fécondité. »

Voyez le *Constitutionnel* du 14 août 1820.

dustrie humaine n'est-elle pas capable, dès qu'elle prend la ferme résolution d'en triompher ?

Nous en voyons un exemple bien frappant dans la *Hollande* européenne, située dans un bas-fond tellement marécageux, que plusieurs contrées y sont moins élevées que les eaux de la mer, (1) et qu'on est pourtant parvenu à rendre habitable, fertile et florissante, par la quantité des canaux, moyennant lesquels on dérive continuellement les eaux surabondantes dans les rivières ou dans la mer.

Et peut-on citer une preuve plus convaincante et plus séduisante, que les terres de la Guyane française peuvent être également desséchées; que l'exemple de la Colonie hollandaise de Surinam, (2) séparée de la partie française par une seule rivière; colonie établie immédiatement à côté de nos possessions, sur le même sol et la même nature de terrein; lesquels avoient originairement présenté les mêmes, et peut-être encore de plus grandes difficultés, et qui rivalise à présent avec les colonies les plus florissantes du monde, par ses productions et ses richesses ?

---

(1) Voyez la Géographie universelle de *Büsching*, Vol. XIV, P. II, page 5.

(2) Voyez M. *Raynal*, ouvrage cité p. 44 et 45.

On ne parlera pas, je pense, du petit nombre de victimes, que ce désséchement pourrait peut-être occasioner, par les gaz méphitiques, qui s'exhalent ordinairement de tous les endroits marécageux: mais on trouvera aisément (comme les colons hollandais, nos voisins,) des moyens capables de les en préserver, surtout depuis que la chimie a fait des progrès aussi étonnans. D'ailleurs lorsque l'intérêt général commande, les considérations individuelles ne peuvent pas être mises en balance: car n'expose-t-on pas dans un combat, même des milliers d'hommes à être sacrifiés, uniquement pour le bien de la patrie?

2. Si l'on pouvait présumer, que quelque Gouvernement étranger, par un basse jalousie de la prospérité des autres, pourrait penser à entraver la réussite de cet établissement, par des menées sourdes, ou quelques intrigues ténébreuses, on éluderait leurs tentatives astucieuses, par de la prudence, de la circonspection et de la perspicacité, et l'on déjouerait les efforts de sa malveillance, par des mesures efficaces.

3. Il est sans doute impossible de supposer, que quelques Colons puissent craindre que le Gouvernement français, en leur faisant généreusement d'une main le don de ces terres, pourrait, parcimonieusement, leur retirer de l'autre les secours que sa

bienfaisance a daigné leur accorder jusqu'ici, en attendant qu'un sort plus heureux leur soit assuré pour toujours, et qu'il soit réalisé par des preuves matérielles. Et bien certainement ce Gouvernement si grand, si noble et si généreux, ne voudra pas replonger des Français, qu'il compte au nombre de ses enfans, dans l'abîme, d'où il les a retirés, et mettre ceux-là mêmes, de l'industrie desquels il peut attendre les plus grands avantages pour la France, hors d'état de les lui procurer dans la suite.

4 Si quelques Colons de Saint-Domingue craignaient de perdre par ce nouvel établissement, leurs droits sur leurs propriétés antérieures dans cette isle, on pourrait leur répondre : que ces droits sont, et ne peuvent que leur rester pour toujours inaliénables, puisque *la violence n'en donne point* : et si dans la suite des circonstances favorables permettaient de réduire cette ancienne colonie sous la domination française, ils reprendraient aussitôt, comme sujets de notre Gouvernement, leurs anciens droits de possession, dont aucun titre légal ne les a privés ; et leurs fils, petit-fils, ou arrière-neveux pourraient dans tous les temps, révendiquer leurs droits sur leurs biens respectifs.

Alors ces malheurs et cette destruction auraient servi, en aiguillonnant l'industrie, à procurer à la France l'avantage de deux colonies florissantes, en place d'une; l'ancien proverbe : à quelque chose malheur est bon, serait réalisé, et en attendant ces intéressans et estimables Colons auraient cessé de souffrir.

5. Quant aux fonds nécessaires pour ce premier établissement, ces terres étant une fois assurées par le Gouvernement, les Colons trouveraient aisément des capitalistes disposés à placer leur numéraire, avec hypothèque sur ces mêmes terres, ou avec association pour une certaine partie du produit; de manière que dans un très-petit nombre d'années, ces fonds pourraient être remboursés avec de grands avantages.

*

Ces terres *neuves* produiraient, en peu de temps, les récoltes les plus abondantes : sous peu on y verrait fleurir le commerce, et avec lui l'aisance, la richesse et le contentement; toute la province se ressentirait de sa régénération bienfaisante, et en dix années au plus, cette colonie deviendrait aussi, et peut-être encore plus florissante que l'étaient autrefois nos belles colonies, et particulièrement St.-Domingue, dont elle ferait oublier la perte.

Ses anciens habitans auraient la satisfaction de voir peu-à-peu rétablir leurs fortunes ; ils seraient arrachés à l'état de langueur, dans lequel ils gémissent depuis si long-temps en secret ; le commerce de la France y gagnerait immensément sous tous les rapports ; des sommes aussi énormes ne découleraient plus chez les étrangers ; et nous cesserions d'être leurs tributaires de fait, pour une culture, que nous pourrions commencer à introduire chez nous, telle que celle du poivre, de la muscade, du girofle, de la cannelle, etc. (indépendamment de celle suivie autrefois à St.-Domingue) ; culture, qui n'avait pas encore fait jusqu'ici une partie *primitive* du commerce français ; et nos compatriotes jouiraient de ces productions à bien meilleur compte, ce qui ne laisserait pas d'augmenter les ressources numériques de la nation. En un mot, cet établissement deviendrait une mine féconde et intarissable de richesses pour toute la France (1).

Il pourrait devenir, de plus, un grand débouché pour une partie de nos ouvriers sans travail, et sans subsistance, pour le desséchement et le défrichement ; la construction des bâtimens, la fabrication des meubles, ustensiles, etc., dans le cas, où le nombre des

(1) Voyez les Notes statistiques annexées.

indigènes ne suffirait pas, pour faire, avec la célérité requise, tous les travaux qu'il serait essentiel de faire à la fois.

Il pourrait devenir de même, dans la suite, un débouché précieux pour nos productions d'industrie, d'arts et de manufactures, et leur procurer un débit qui, par la grande concurrence dans notre pays, ne leur serait pas aussi facile, ni aussi avantageux.

Il pourrait devenir enfin un refuge lucratif pour de nombreuses familles, qui languissent dans l'inactivité, et qui y trouveraient des ressources abondantes, pour améliorer leur existence.

Toutes ces familles jouiraient de l'aisance, de la paix et du bonhèur, au milieu de la prospérité commune, et sous un climat ravissant, ils y vivraient en frères bénévoles, dans la concorde et la joie ; et ces habitans heureux éleveraient tous les matins, leurs mains et leurs cœurs reconnaissans vers l'*ÉTERNEL*, pour le remercier de tant de bienfaits ; en bénissant avec enthousiasme le Gouvernement paternel, dont la main bienfaisante les a portés dans cet état de prospérité ; et ils invoqueraient, par des supplications et leurs prières ferventes, Sa protection divine et souverainement puissante, sur le TRÔNE AUGUSTE DES BOURBONS.

NOTES STATISTIQUES.

M. l'abbé *Raynal* a ajouté à l'Atlas annexé à son *Histoire philosophique et politique*, déjà citée, un grand tableau (livre XIII), détaillé, des productions de Saint-Domingue, de la Martinique, de la Guadeloupe et de Cayenne, dans l'année 1775; des droits, qu'elles ont acquittés au trésor public, et des sommes qui sont entrées par là en France.

J'ai cru devoir en donner ici un extrait sommaire des productions de Saint-Domingue dans la même année.

TABLEAU STATISTIQUE du ci-devant Produit du commerce de Saint-Domingue.

D'après les relevés pris sur les registres des douanes, de l'an 1775, il résulte: que l'état des denrées portées de Saint-Domingue, dans les différens ports de France, dans l'année 1775, se monte à :

Denrées.	*Livres pesant.*		*Valeur réelle au prix commun.*
Sucre terré et brut...	123,067,370.	livres tourn.	44,738,139.
Café...........	45,933,941.......		21,818,621.
Indigo.........	1,808,629.......		15,373,346.
Cotons.........	2,689,282.......		6,723,205.
Cacao..........	578,764.......		405,134.
Roucou	51,861.......		32,663.
Cuirs..........	14,124.......		164,657.
Carret.........	4,346.......		43,460.
		TOTAL.... liv. tourn.	89,299,225.

Or et argent monnoyé......... 2,600,000.

Sur 353 vaisseaux.

PRODUIT des droits entrés par ce commerce, en l'année 1775, dans le Trésor Public.

Denrées.	*Droits d'exportation de l'isle.*		*Droits d'importation en France.*
Sucre terré et brut...	2,099,576.	liv. tourn.	1,643,848.
Café...........	551,207		965,952.
Indigo.........	904,314......		559,800.
Cotons.........	224,106......		159,447.
Cacao..........	....		13,385.
Roucou.........	259......		1,436.
Cuirs..........	9,955......		2,289.
Carret.........	....		1,401.
TOTAL... liv. tourn......	3,789,417.	Liv. tourn.	3,347,558.

Total des droits acquittés (indépendamment de ceux de consommation,) dans la seule année de 1775.

Voy. p. préced.	Droits d'exportation... liv. t.	3,789,417.
	Droits d'importation...	3,347,558.
	Total............... liv. t.	7,136,975.

Nota. On n'y comprend pas les menues productions.

Tableau comparatif des produits des trois autres colonies françaises occidentales, dans la même année.

SUCRE.

Livres pesant	24,443,858.	La Martinique.
....	18,838,606.	La Guadeloupe.
....	4,000.	Cayenne.
Total.......	43,286,464.	

CAFÉ.

Livres pesant	9,688,968.	La Martinique.
....	6,302,902.	La Guadeloupe.
....	65,888.	Cayenne.
Total.......	16,057,758.	

INDIGO.

Livres pesant	114,708.	La Martinique.
....	143,827.	La Guadeloupe.
....	334.	Cayenne.
Total.......	258,869.	

COTONS.

Livres pesant	1,101,240.	La Martinique.
....	519,375.	La Guadeloupe.
....	97,260.	Cayenne.
Total.......	1,717,875.	

Il résulte de là, que la *seule* isle de St.-Domingue a fourni à la France plus de productions, déjà dans l'année 1775, en Sucre, Café, Indigo et Cotons seuls, que les trois autres Colonies *réunies* : et si le Ministère veut bien se faire présenter dans les bureaux, une semblable récapitulation des productions de la partie française de l'isle de Saint-Domingue, dans l'année 1789 (époque où son commerce fleurissait le plus), il verra sans doute, à quel degré sa culture s'est encore élevée dans l'intervalle de quatorze ans, et appréciera par là, la supériorité de l'industrie de ses anciens habitans.

www.ingramcontent.com/pod-product-compliance
Ingram Content Group UK Ltd.
Pitfield, Milton Keynes, MK11 3LW, UK
UKHW020453220726
13923UKWH00006B/2525